HISTOIRE DU DROIT EN GASCOGNE

DURANT LE HAUT MOYEN-AGE

PAR

M. Jean-François BLADÉ

AGEN

IMPRIMERIE ET LITHOGRAPHIE V⁺ LAMY

1887

HISTOIRE DU DROIT EN GASCOGNE

DURANT LE HAUT MOYEN-AGE

PAR

M. Jean-François BLADÉ

AGEN

IMPRIMERIE ET LITHOGRAPHIE V° LAMY

1897

HISTOIRE DU DROIT EN GASCOGNE

DURANT LE HAUT MOYEN-AGE

HISTOIRE DU DROIT EN GASCOGNE

DURANT LE HAUT MOYEN-AGE

J'ai publié, en 1886, un mémoire sur les *Institutions de l'Aquitaine indépendante*. S'il m'était possible de suivre l'ordre des temps, je continuerais en traitant des *Institutions romaines dans le Sud-Ouest de la Gaule* ; mais ici, je me trouve encore arrêté par quelques difficultés de détail. En attendant que je les surmonte, avec le concours de savants amis, voici l'*Histoire du Droit en Gascogne durant le haut moyen-âge*. Cette période, qui commence uniformément à la grande invasion des Barbares (406), me semble finir, pour mon domaine, après le milieu du ixe siècle, époque de l'avènement de Sanche Ier, dit Mitarra, premier duc héréditaire de Gascogne.

Le présent mémoire est utile à coup sûr ; mais il ne se recommande guère, ni par la spécialité provinciale du sujet, ni par la nouveauté des recherches. En effet, durant tout le haut moyen-âge, les destinées du droit de Gascogne se confondent, au moins en théorie, avec celles du droit du reste de la Gaule méridionale. Je n'ai eu donc que la peine fort légère d'utiliser, à mon point de vue restreint, les grands travaux des historiens jurisconsultes. Il est vrai que la régularité théorique du Droit romain et barbare, durant le haut moyen-âge, dût se trouver souvent, en fait, altérée, dans le Sud-Ouest de la Gaule, par diverses causes, dont l'étude détaillée se confond avec celle des évènements politiques. Voilà pourquoi je me bornerai à signaler sommairement, à la fin du présent travail, ces influences perturbantes, en attendant de leur consacrer ailleurs l'examen détaillé qu'elles méritent.

Ceci dit, j'aborde mon sujet actuel, en rappelant au lecteur le trait essentiel et général qui domine l'histoire du droit barbare, je veux dire le principe de la personnalité des lois. Durant les périodes wisigothique et franque, les vieilles populations du Midi de la Gaule subissent l'ordre politique établi par les envahisseurs; mais, au point de vue privé, elles obéissent, comme auparavant, aux prescriptions du Droit romain. Les Barbares se gouvernent au contraire selon leurs usages ou statuts particuliers. Tel est le principe de la personnalité des lois. Mais, avec le temps, ces différences s'effacent et se fondent peu à peu. Finalement, tous les habitants d'un même territoire se trouvent soumis à la même coutume. Le principe de la territorialité des lois succède à celui de la personnalité.

PREMIÈRE PARTIE.

MONUMENTS LÉGISLATIFS.

Il faut distinguer ici les *Monuments du Droit romain* et les *Monuments du Droit barbare*.

SECTION I.

MONUMENTS DU DROIT ROMAIN.

Ces monuments sont le *Code Théodosien*, la *Consultatio*, et le *Breviarium* d'Alaric II.

§ I. — CODE THÉODOSIEN. Après neuf ans de travaux, une commission de jurisconsultes acheva ce recueil en 438, sous l'empereur Théodose II. De là le nom de *Codex Theodosianus*. Ce code comprenait les édits des empereurs à partir de Constantin (*ius principale*). Il se divise en seize livres, ayant trait à diverses matières. Les édits impériaux concernant chaque sujet, se suivent dans l'ordre chronologique. Le Code Théodosien, avec ses suppléments (*Novellae leges*), eut force de loi dans l'empire d'Orient, jusqu'à la promulgation du Code Justinien. En Occident, on l'abrégea bientôt dans le *Brevia-*

rium d'Alaric II. Ce n'est guère que sous cette dernière forme que le premier tiers nous est parvenu [1].

Il est prouvé que sous la domination des Wisigoths dans le Midi de la Gaule, les populations vaincues suivaient le Code Théodosien avant d'adopter le *Breviarium* d'Alaric II. Sidoine Apollinaire reproche, en effet, à Séronatus, Préfet du Prétoire des Gaules vers 470, d'exalter les Wisigoths, d'insulter les Romains, de tromper les gouverneurs, de s'entendre avec les argentiers, de fouler aux pieds les lois Théodosiennes, et de favoriser les lois Théodoriciennes, c'est-à-dire les coutumes wisigothiques [2].

§ II. — CONSULTATIO. — On publia en Gaule, après la promulgation du Code Théodosien, et peut-être même du vivant de Théodose II, le recueil connu sous le nom de *Consultatio*. Ce sont, en effet, les consultations de plusieurs juristes, en réponse à des demandes d'avocats, avec accompagnement de citations textuelles, tirées des Codes Grégorien, Hermogénien et Théodosien [3].

§ III. — BREVIARIUM D'ALARIC II. — La rédaction dudit recueil fut ordonnée par ce roi wisigoth, pour mettre un peu plus d'unité et de clarté dans le Code Théodosien, comme aussi pour tâcher de ramener à lui les populations gallo-romaines, qui professaient la religion catholique, et que certains rois wisigoths, notamment Euric, avaient persécutées au profit de l'arianisme.

En conséquence, Alaric II avait nommé une commission de jurisconsultes, pour présenter aux juges, sous une forme plus intelligible, les dispositions du Code Théodosien. Cette commission était présidée par le comte Goiaric (*ordinante viro inlustri Goiarico comite*), qui

---

[1] Sur le Code Théodosien, v. notamment ZIMMERN, *Gesch. d. röm. Privatr.* I, p. 165-172; RUDORFF, *Röm. Rechtsgech.* I, 277-280. L'édition de ce Code donnée par Hænel (Berlin, 1842-1844) peut être considérée comme définitive.

[2] Exultans Gothis, insultansque Romanis, illudens praefectis, colludensque numerariis, leges Theodosianas calcans, Theodoricianasque proponens SIDON. APOLLIN. II, *Epist.* 2. *ad Ecdic.*

[3] Sur la *Consultatio*, v. HUSCHKE, *Jurispr. antejustin.* 775-78; RUDORFF, *Ueber die Entstehung der consult*, dans *Zeitschr. geschichtl. Rechtswis.* XIII, 50-308.

vraisemblablement avait le titre de *comes palatii*. En 506, ce travail était terminé à Aire-sur l'Adour *(Aduris)*, et ratifié par une assemblée d'évêques et de laïques choisis parmi les gallo-romains *(venerabilium episcoporum vel electorum provincialium nostrorum roboravit collectus)* Alaric II donna force de loi au recueil, dont le référendaire Anianus, *vir spectabilis*, envoya à chaque comte un exemplaire authentique, souscrit de sa main, et dont par conséquent les dispositions avaient force de loi vis-à-vis des Romains soumis aux Wisigoths. Parmis ces comtes, Timotheus est le seul dont le nom nous soit connu. Malgré son nom germanique, Goiaric, chef de la commission législative devait être un Romain ; car le travail qu'il dirigea eût peu convenu à un Wisigoth, même en le supposant capable d'y suffire [1].

Telles sont les origines du recueil jadis désigné sous le nom de *Lex Romana*, tantôt sous celui de *Lex Theodosii*, parce que la partie la plus importante, et le commencement sont tirés du Code Théodosien. Le titre de *Breviarium Alarici*, ou *Aniani*, apparaît pour la première fois en 1550.

Cette collection emprunte au Code Théodosien 398 *Constitutiones*, et 33 *Novellae*, au Code Grégorien 22, et au Code Hermogénien 2 *Constitutionnes*, à Papinien un seul passage. Les rédacteurs ont copié Gaius, en l'abrégeant, ainsi que les *Sententiae* de Paul. La plupart des textes ainsi empruntés, sont accompagnés d'une interprétation ou paraphrase.

Voilà la forme sous laquelle le Droit romain se manifesta durant la première partie du moyen-âge, dans la majeure partie de l'Occident. On en fit même un abrégé [2].

---

[1] Tous les renseignements et textes ci-dessus fournis sur l'origine des *Breviarium* d'Alaric II, sont tirés de l'aventissement *(commonitorium)*, en forme de rescrit, qui précède ce recueil.

[2] Sur le *Breviarium* d'Alaric II, v. FITTING, *D. sog. wesigothische interpretatio*, dans *Zeitschr. f. Rechtsgesch.* XI, 222-249 ; RUDORFF. *Röm. Rechtsg.* I, 288-91 ; HAENEL, *Praef.* (et *Berichten der saech. Ges. d. Wis.* 1865, p. 1); DERNBOURG, *Gajus*, 119, et DEGENSKOLB, *Poell's Vierteljahrsschr.* XIV, 1872 p. 504 et suiv; ROZIÈRE, *Formules Wisigothiques inédites* ; BIDENWEG, *Comm. ad formulas visigoth. novissime repertas* ; DALM, *Wesigoth. Stud.* (Augsbourg, 1874.)

On a remarqué, à bon droit, que les Francs établis dans la Gaule, laissèrent les anciennes populations des pays conquis sous le régime du Droit romain, et qu'ils rédigèrent uniquement leurs lois pour eux-mêmes, sans toucher à celles des Romains. Au contraire, les Wisigoths (et aussi les Burgondes), déjà romanisés, et plus entendus aux affaires des vaincus, s'occupèrent non seulement de leur propre droit, mais aussi arrangèrent et promulguèrent, à leur façon, la loi des anciens habitants.

Il est prouvé que le *Breviarium* d'Alaric II ne fut, ni composé par des Wisigoths, ni rédigé dans le but d'introduire les pricipes du droit de ce peuple parmi les Romains, quoique la nouvelle constitution politique ait dû nécessairement modifier les lois anciennes. Nous savons également qu'Alaric II, arien comme les rois auxquels il succédait, avait renoncé à persécuter comme eux les Romains catholiques. De son temps, certains évêchés, jadis privés de leurs prélats, les avaient recouvrés en 506, ainsi qu'il appert des souscriptions des prélats assemblés au concile d'Agde, c'est-à-dire l'année même de la promulgation du *Breviarum*. Alaric II cherchait donc à s'attacher les Romains de son royaume, en leur accordant d'importants avantages religieux et politiques. Mais il était trop tard. Les évêques du Midi de la Gaule, avaient préparé l'invasion libératrice de Clovis, bientôt vainqueur des Wisigoths à Vouillé (507). Cela étant, et sans qu'il soit d'ailleurs possible de nier que les anciennes populations de la Gaule méridionale aient conservé l'usage du Droit romain sous les rois wisigoths antérieurs à Alaric II, serait-il donc téméraire de supposer que ces vaincus jouïssaient alors d'immunités moindres que celles qui leur sont reconnues par le *Breviarium* d'Alaric II ?

APPENDICE. — L'usage du Droit romain parmi les vieilles populations de la Gaule méridionale devait persister bien longtemps encore après la domination wisigothique [1]. Mais pour me limiter ici, comme je le dois, aux temps mérovingiens et carlovingiens, j'affirme que cette

---

[1] Sur la persistance du droit romain au moyen-âge dans tout le Midi de la Gaule, v. SAVIGNY, *Hist. du Dr. Rom. au moyen-âge* (trad. Guenoux), II, c. IX, § II, A, B. Au point de vue spécial de la Grande Aquitaine, v. ALTESERRA, *Rer. Aquitanic.* l. III c. 6, 7, 8, 9, 10.

persistance est prouvée par bon nombre de documents, entre lesquels je me borne à en signaler deux qui se rapprochent le plus de mon domaine historique.

En l'année 634, les quatre fils de Sadragisile, duc d'Aquitaine, ayant omis de venger le meurtre de leur père, furent privés dans un plaid royal [1] de sa succession conformément au droit romain [2]. Dagobert Iᵉʳ fit donation de ces biens à l'abbaye de Saint-Denis [3]. La règle ici appliquée se trouve aussi dans le *Breviarium* [4]. En ce temps-là, les Romains adoptaient souvent les mœurs des Francs, et Sadragisile devait être romain, malgré son nom et ses habitudes germaniques. Aimoin parle de cette loi romaine en termes plus précis que les *Gesta Dagoberti*, dont il s'inspire d'ailleurs.

Dans le cas où Sadragisile aurait été Franc, la peine prononcée contre lui ne devrait pas nous surprendre; car, sur le point dont s'agit, la loi barbare était aussi sévère que la loi romaine [5].

Je tiens à compléter cet *Appendice*, en y signalant, pour mémoire, la législation de Justinien. On sait que cette législation comprend : 1° le *Code* publié en 529; 2° le *Digeste*, publié en 533; 3° les *Institutes*, publiées en 533. Du vivant de cet empereur, sa législation passa en Italie, où Justinien ne régna que passagèrement. La domination de ce prince évanouie, l'autorité officielle des textes récemment importés disparut. Mais ils restèrent en Italie, et se propagèrent

---

[1] A proceribus regni. *Gest. Dagob.* I, C. 30, 35.

[2] Haeredes quos necem testatoris inultam omisisse constiterit, fructus integros cogantur reddere. C. L. VI, T. 35.

[3] La charte d'après laquelle Dagobert aurait gratifié l'église de Saint-Denis des domaines confisqués sur les fils de Sadragésile, et que Clovis II aurait ratifiée en 644, est d'ailleurs absolument fausse. V. Pardessus, *Chartæ, diplomata, leges*, II, 81-82.

[4] Paul, III, 5, § 2, 10 *et interpr.* § 1. Le principe est posé d'une façon encore plus formelle dans le Droit Justinien, v. 4. 17, 20, 21. *De his quae ut indig.* (34, 9), et tit. *Cod. eod.* (6, 35).

[5] Secundum leges romanas quae sanciunt a paterna eos hereditate debere, qui noluerit interfecti necem vindicare omnibus paternis expoliati sunt bonis. *Caroli Calvi* præceptum, ap. Bouquet, t. VIII, p. 470.

même en Occident, à titre de documents respectés. Ainsi la Gaule méridionale, et notamment la Gascogne, n'ont jamais suivi, durant le haut moyen-âge, la législation de Justinien, qui devait prendre tant d'importance dans ces contrées au xiie siècle, lors de la renaissance du droit romain.

SECTION II.

MONUMENTS DU DROIT BARBARE.

Il faut entendre par là les *Lois des Wisigoths* et les *Lois des Francs* mérovingiens et carlovingiens.

§ I. — LOIS DES WISIGOTHS. Quand ils s'établirent en Gaule, les Wisigoths se gouvernaient d'après leurs coutumes, qui n'étaient pas encore codifiées. L'origine de cette codification peut être indiquée avec une exactitude relative.

Euric, qui régna sur les Wisigoths de 465 à 485, est le premier prince sous lequel les lois de cette nation aient été mises par écrit [1]. Il est vrai qu'on a prétendu, sur la foi d'un passage de Sidoine Apollinaire, que cette rédaction remontait au règne de Théodoric. Mais Sidoine se borne à reprocher à Séronatus, préfet du prétoire en Gaule, de fouler aux pieds les lois Théodosiennes, et de rechercher à faire prévaloir les lois Théodoriciennes. Les mots *leges Theodoricianas* désignent évidemment le Droit wisigoth imposé aux Romains. Loin de s'appliquer à un roi ou à un code particulier, ces deux termes visent d'une façon générale tous les rois wisigoths, dont plusieurs, à cette époque, s'appelèrent Théodoric ; et l'on doit y voir, non pas une locution usuelle, mais une puérile antithèse sur les *Leges Theodosianae* et les *Leges Theodoricianae*.

On ignore d'ailleurs si Euric, ou un de ses successeurs, fit rédiger un code avant le milieu du viie siècle. Mais, sans entrer dans les périlleuses hypothèses de textes perdus et retrouvés, nous pouvons tenir

---

[1] V. supr. p. 237, note 2, le passage de Sidoine Apollinaire.

pour certain que les *Leges Wisigothorum* telles que nous les possédons, se composent de deux textes. C'est d'abord le fragment intitulé *Antiqua*. Bluhme, qui l'a publié en 1847, en place la rédaction sous Récarède I*er*, qui régna de 586 à 601. Il est vrai que Pétigny reporte ce document jusqu'au temps d'Alaric II. Mais l'opinion de Bluhme doit prévaloir. Le second texte, appelé souvent *Liber judicum* ou *Forum judicum*, est généralement attribué à Receswinthe, dont le règne commença en 652 pour finir en 672. Le *Liber judicum* se divise en douze livres, par ordre de matières. La rhétorique y joue un rôle déplorable. Néanmoins ce recueil est important, car il comprend quantité d'édits antérieurs à Receswinthe. Le Droit romain y entre dans une certaine proportion. Sur cinq cent quatre-vingt-treize lois, un sixième environ est emprunté au Code Théodosien ou au *Breviarium* d'Alaric II. Par une loi insérée au *Liber judicum*, Receswinthe interdit formellement aux Romains l'usage du Droit romain. Déjà son père Chidaswinthe avait promulgué une loi très défavorable à ce Droit ; mais le sens en est beaucoup moins précis. Ainsi le *Liber judicum* apparaît, au vii*e* siècle, comme la première loi barbare ayant un caractère territorial. Ce recueil fut traduit en castillan durant le moyen-âge, sous le nom de *Fuero juzgo*. Il a joui longtemps en Espagne d'une grande autorité [1].

§ II. — Lois des Francs. Il faut entendre par là tous les textes rédigés durant les périodes mérovingienne et carlovingienne. Ces textes sont la *Loi Salique*, les *Capitulaires*, les *Prologues et Épilogues*, et la *Récapitulation de la Loi Salique*.

1. *Loi Salique*. — Les érudits, et notamment Pardessus, reconnaissent jusqu'à cinq textes différents de la Loi Salique, *Lex Salica*. Le plus ancien, qui comprend soixante cinq titres, fut rédigé sous Clo-

---

[1] Le *Liber judicum* est imprimé dans Canciani, *Barbarorum leges*, IV. (Venise 1789, in-fol.), et dans Walter, *Corpus iuris germanici antiqui*, II, (Berlin, 1825). La meilleure édition du *Fuero juzgo* est celle que publia, en 1815, l'Académie Royale d'Histoire de Madrid en 1 vol. in-4o. L'édition portugaise insérée en 1856 au tome I, facic. 1, des *Portugaliæ monumenta historica, Leges et Consuetudines*, n'est qu'une reproduction du travail des érudits espagnols.

vis Ier, entre 486 et 496. Le plus récent, composé de 65 titres, est connu sous le nom de *Lex emendata*. Pardessus en fixe la date à 768 ; mais il y a lieu de se défier, et de reporter purement et simplement ce texte à l'époque de Charlemagne.

La Loi Salique est tout à la fois, et en abrégé, un code civil, et un code pénal. Les pénalités y jouent le principal rôle. Les deux meilleures éditions de ce recueil sont celles de Pardessus, *Loi Salique* (1. vol. in-4° Paris 1843), et de MM. Hessel et Kern, *Lex Salica* (1 vol. in-4° Londres, 1880).

Grâce aux conquêtes successives des rois mérovingiens, des maires du palais, et des premiers empereurs carlovingiens, la Loi Salique exerçait son influence non seulement en Hesse et en Franconie, où dominèrent les Francs, mais en Lombardie, en Tyrol, chez les Allemands et les Bavarois, et jusqu'en Angleterre. La Wasconie ne pût donc échapper à cette action qui, du reste, n'est attestée pour ce pays par aucun texte précis. En revanche, ce statut est encore mentionné, pour l'année 987, dans le cartulaire de Saint-Père de Chartres. Il en est aussi question dans les actes du concile tenu à Limoges en 1031 [1]. Mais ce ne sont là que de vagues réminiscences, dont on ne saurait conclure que la personnalité des lois subsistait toujours durant les premiers siècles de la période féodale [2].

2. *Capitulaires.* — On appelle ainsi les ordonnances (*Pactus, Decretio, Edictus, Constitutio*), des princes mérovingiens et carlovingiens. Il y a sept capitulaires additionnels à la Loi Salique. Certains

---

[1] Bouquet, *Rer. Gall. script.*, XI, 503 ; Schræder, 44. *Forschungen zur Deutschen Geschichte*, XIX, 44.

[2] Sur la Loi Salique, v. outre les publications précitées de Pardessus et de MM. Hessel et Kern : Sohm, sur la procédure de la Loi Salique, trad. Thévenin, Paris, 1873, 1 vol. in-8° ; Schræder, dans *Forschungen zur deutschen Geschichte*, t. XIX, 139-172 ; dans *Historische Zeitschrift, Neue Folge*, VII, 1-65 ; dans *Monatsschrift für die Geschichte Westdeutschlands*, VI, 408 et 502 ; dans *Zeitschrift der Savigny-Stiftung für Rechtsgeschichte*, II, part. 2 ; Thonissen, *L'organisation judiciaire, le droit pénal et la procédure pénale de la Loi Salique*, 2e édit., Bruxelles et Paris, 1882, 1. vol. in-8° ; Fahlbeck, *La royauté et le droit royal francs*, Lund, 1883, 1. vol. in-8°.

de ces documents ont force de loi (*capitula legibus addenda*), parce qu'ils ont été sanctionnés dans les assemblées publiques. D'autres, au contraire (*capitula per se scribenda*), ont été promulgués par le roi ou l'empereur sans le concours de ces assemblées. Aussi n'ont-ils de valeur que pour la durée du règne de celui qui les a faits. Enfin, les documents de la troisième classe (*capitula missorum*) se composent des instructions temporaires, des ordres donnés aux particuliers, des avis adressés aux agents du souverain et aux *missi*. La plus complète et la plus récente édition des Capitulaires est celle qu'a donnée Pertz dans les *Leges*, t. I et II. Elle n'annulle pourtant pas celle de Baluze. M. Boretius en a commencé une autre dans les *Monumenta Germaniae historica* (*Legum sectio* II, Hanoveræ 1881), dont la suite est impatiemment attendue.

3. *Prologues et Épilogues.* — On compte deux principaux prologues, et trois petits, qui sont des abrégés. La rédaction de ces documents est à coup sûr postérieure à celle de la Loi Salique.

4. *Récapitulation de la Loi Salique.* — C'est le tarif des amendes, tiré de la Loi Salique.

SECONDE PARTIE.

CARACTÉRISTIQUE DU DROIT ROMAIN ET DU DROIT BARBARE.

Ici, je dois confesser à nouveau, que cette portion de ma tâche a été singulièrement facilitée par les travaux bien connus des grands historiens jurisconsultes. Néanmoins, je ne leur emprunte rien sans avoir personnellement contrôlé leurs assertions.

SECTION I.

§ 1. Droit Romain. — L'économie générale du Droit romain est trop connue pour que je fatigue inutilement le lecteur en touchant, même de la façon la plus sommaire, aux diverses parties de ce vaste sujet. Mieux vaut présenter, en un seul paragraphe, les renseignements fournis par le *Breviarium* sur la constitution politique des anciennes cités romaines sous les Wisigoths. Ici, je suis à la trace de la doctrine de Savigny, *Histoire du droit romain au moyen âge* (traduction Guenoux), T. I, c. V, § II.

Et d'abord, je constate, d'après lui, que sous les Wisigoths, le président (*praeses*) des anciennes provinces romaines a disparu. Par contre, l'organisation des cités, leur juridiction spéciale, et la part que les magistrats municipaux prennent aux décisions de justice, subsistent comme auparavant, peut-être même avec plus de vie qu'à l'époque du Bas-Empire. Certes, on a beaucoup discuté sur le sens du mot *iudex*, qui dans le Code Théodosien désigne le lieutenant de la province. A ce sujet, les meilleurs esprits admettent généralement que si, dans le commentaire du *Breviarium*, *iudex* est rapproché de *provincia*, il s'applique au comte wisigoth; au *duumvir* ou au *défensor* s'il est joint à *civitas* [1]. Mais s'il est seul, le cas devient difficile.

En général, le Code Théodosien et le commentaire concordent en tout ce qui a trait aux défenseurs, au mode de leur nomination à la nature de leurs pouvoirs, etc. [2]. Le texte porte que le gouverneur de la province ne connaîtra pas des délits minimes, et le commentaire complète cette disposition en les attribuant au *defensor* [3]. Selon le texte, les procès civils peuvent être portés devant le gouverneur de la province, ou devant les magistrats ayant la confection des actes solennels. Le commentaire y ajoute expressément le *defensor*, déjà sous-entendu dans le texte. Paul avait énuméré les cas où le préteur accorde la restitution. Le commentaire nous apprend que les pouvoirs de l'ancien préteur, tel que celui d'accorder la restitution, ont été transférés aux *iudices* des villes [5]. Cela prouve clairement

---

[1] « Omnes iudices *in provinciam sibi commissam* ». *Cod. Theod.* I, 12, 3, et plus loin: « postquam fuerit iudex ille remotus... sub alio iudice *de provincia* non discedat. » Ces expressions ne sauraient évidemment s'appliquer au magistrat d'une ville.

[2] *Cod. Th.* I, II.

[3] Ad mediocres Iudices... id est aut *defensores* aut assertores pacis. *Int. Cod. Th.* II, I, 8. Le *pacis assertor* se retrouve dans la *Lex Visigoth.* L. II. T. I, L. 26.

[4] *Int. Cod. Th.* II, 4, 2.

[5] Hoc enim quod per praetorem antea fiebat, modo *per iudices civitatum* agendum est. *Int. Paul.* I, 7, § 2.

qu'alors la juridiction municipale était plus étendue que sous l'empire, et que toutes les prérogatives des gouverneurs romains n'étaient point passées aux comtes wisigoths.

Dans le Code, nous voyons qu'aucun décurion ne peut-être *curator*, c'est-à-dire *quinquennalis*, avant d'avoir successivement exercé tous les emplois inférieurs de la cité. Le commentaire répète les mêmes dispositions, et assimile, sous ce rapport, le *defensor* au *curator* [1]. Ainsi, la charge de *defensor*, qu'aucun décurion ne pouvait jadis exercer, était devenue une charge sénatoriale. Au temps de l'empire, les actes solennels devaient être passés devant un magistrat, trois décurions, et un *exceptor*. On retrouve ces règles dans le *Breviarium*, avec cette observation souvent répétée, que ladite loi n'a pas besoin de commentaire [2].

Il est certain que les Wisigoths avaient, comme les Romains, deux degrés de juridiction ; car on trouve, dans le *Breviarium*, plusieurs passages relatifs aux appels [3]. Par suite de ces divers rapports avec le gouverneur romain, Savigny admet que ce juge d'appel doit être le comte, bien qu'il ne soit nommé nulle part.

D'autres passages concernant la curie, les décurions et le décurionat, sont passés dans le *Breviarium* sans forts retranchements, et sous quelques modifications légères. A propos de ces mots : fils adoptif, le *Breviarium* nous dit que l'adoption se fait devant la curie. Il déclare aussi que l'émancipation, qui se faisait autrefois devant le *praeses*, a lieu maintenant devant la curie [4]. Nous voyons dans le texte qu'à

---

[1] Nullum Curialem... aut Curatoris... *aut Defensoris* officium debet suscipere. *Int. Cod. Th.* XII, I, 20.

[2] *Int. Cod. Th.* XII. I. 151. « Haec lex interpretatione non indiget. »

[3] Exemples : «.... nisi forsitan contra sententiam.. crediderit appellandum ». *Int. Cod. Th.* II, 1, 6. « In civilibus causis, vel levioribus criminibus ... appellationi constituta legibus dilatio praestanda est. » *Int. Cod. Th.* XI, 36, 1. — Cette dernière disposition revient fréquemment dans le texte.

[4] *Int. C. Th.* V. 1. 2. « adoptivum, *id est gestis ante Curiam adfiliatum.* » — Voici un passage qui établit directement la juridiction civile de la curie chez les Wisigoths: *Int. L.* 1. *C. Th. de denunciat.* 24, « ex quo tutor sive curator minoris aut per iudicem, aut per curiam inatulerit seu exceperit actionem, etc. » Disposition qui ne se trouve pas dans le texte. Le mot *iudex* a ici son sens ordinaire, et désigne le comte wisigoth.

Constantinople les tuteurs sont nommés par le préfet de la ville, dix sénateurs, et le préteur chargé de l'inscription des tutelles. A ces diverses autorités, le *Breviarium* substitue le *iudex*, et les premiers de la ville [1].

D'après le texte, il faut un décret pour vendre les biens d'un mineur. Le *Breviarium* ajoute que ce décret est rendu par le *iudex* ou par la curie [2]. Le texte statue que les testaments seront ouverts devant l'autorité qui les reçoit, c'est-à-dire *l'officium censuale* : le commentaire donne ces pouvoirs à la curie [3]. Dans le Code, les donations sont insinuées devant le *iudex*, autrement dit le lieutenant de la province, ou devant le magistrat de la ville. Le *Breviarium* substitue la curie à ce magistrat [4]. Cette substitution, et plusieurs des termes précités révèlent un changement complet dans les idées.

D'après les principes du Droit romain, la suprême autorité municipale, et surtout la juridiction, était autrefois un droit attaché à la personne du magistrat. Maintenant, ce droit se rapporte moins personnellement au défenseur que collectivement à la curie. Aussi le commentaire applique-t-il à l'album de la curie tout ce que Paul dit sur l'album du préteur [5]. Au temps de l'empire, les *honorati*, ou citoyens ayant passé par les hautes charges, occupaient une place

---

[1] Gajus, I. 6. « Quae tamen emancipatio solebat ante Praesidem fieri, *modo ante Curiam facienda est.*

[2] *Int. C. Th.* III. 1.3. « Auctoritate Iudicis aut consensu Curiae muniatur. » Le *iudex*, c'est le comte mis ici sur la même ligne que la curie.

[3] *Int. C. Th.* IV. 4. 4. « Testamenta omnia, vel reliquas scripturas apud Censuales in urbe Roma voluit publicari, hoc est in reliquis regionibus *apud Curiae viros* testamenta, vel quaecumque scripturae actis firmari solent, gestorum allegatione muniantur. »

[4] *Cod. Th.* VIII. 12. 1. « Apud Iudicem vel Magistratus. » *Interpr. l. c.* « aud apud Iudicem, aut apud Curiam. »

[5] Paulus, I. 13. A. § 3. « Is, qui album raserit, corruperit... *extra ordinem* punietur. » *Interpr. l. c.* « In eum qui *album curiae* raserit... capitaliter *non expectata ordinis sententia* vindicatur. » Ces derniers mots sembleraient établir directement la juridiction de l'*ordo*. Mais Savigny n'y voit qu'une méprise grossière sur le sens des expressions de Paul *extra ordinem*; car cette explication erronée de l'ancien terme *extra ordinem* se retrouve mot pour mot dans d'autres passages.

distinguée à côté du gouverneur de la province, quand il rendait la justice, à condition, bien entendu, que ces *honorati* ne fussent point parties aux procès. Le *Breviarium* attribue ce privilège aux curiales [1]. Le Code décide qu'un sénateur romain poursuivi criminellement, sera jugé par cinq sénateurs tirés au sort. Le commentaire, étendant ce droit à toutes les classes de la société, déclare que tout citoyen sera jugé par cinq des principaux d'entre les pairs, ce qui a trait sans doute à la différence établie entre les décurions et les plébéiens [2]. D'après le texte le *domesticus* ou *cancellarius* du *iudex* est élu par les principaux membres de la curie. Le *Breviarium* conserve cette élection [3]; mais il l'attribue à tous les citoyens.

N. B. — Le lecteur a remarqué certainement que, dans cette énumération des monuments du droit de la Gaule méridionale durant le haut moyen-âge, je n'ai pas dit un mot de ceux du Droit canonique. Cette omission sera réparée dans un mémoire, déjà fort avancé, sur l'*Histoire religieuse de la Gascogne depuis l'invasion des Barbares jusqu'à la réunion des duchés de Guienne et de Gascogne* (406-1070).

SECTION II.

DROIT BARBARE.

Il s'agit maintenant de caractériser à grands traits le *Droit wisigothique* et le *Droit franc*.

---

[1] *Cod. Th.* I. 8. un. « Honorati, qui lites habere noscuntur, his horis quibus causarum merita vel facta panduntur, residendi cum Iudice non habeant facultatem. » *Interpr. l. c.* « Honorati provinciarum (*id est, ex Curiae* corpore), si et ipsi in lite sunt constituti... cum Iudice nun resideant.»

[2] *Int. C. Th.* II. 1. 12. « Cum pro obiecto crimine aliquis audiendus est, quinque nobilissimi viri iudices *de reliquis sibi similibus* missis sortibus eligantur. » On pourrait, dit Savigny, trouver ici quelque rapport avec l'institution germanique des échevins.

[3] *Cod. Th.* I. 12. 3. «... periculo enim *Primatum Officii* Cancellarios.... electos Iudicibus applicari iubemus. » *Interpr. l. c.* « Nisi qui ei publice fuerit *civium electione* deputatus. » Cette disposition, dit Savigny, s'applique évidemment au comte; mais, dans la pratique, elle devait donner lieu à de graves difficultés.

§ I. — DROIT WISIGOTHIQUE. Ici je traiterai des *Pouvoirs publics*, de l'*Armée*, des *Revenus publics*, du *Droit civil*, de la *Procédure*, du *Droit pénal*, et des *Rapports du Droit wisigothique et du Droit romain*.

1. — *Pouvoirs publics*. Les rois wisigoths sont électifs, et régulièrement nommés par la nation, représentée par les prélats, ducs, comtes, et officiers de la couronne et du palais. Dans ces assemblées, on statue sur les principales affaires de l'État, sans préjudice de celles de l'Église, qui sont traitées séparément par les évêques. Sous le nom de *conciles* de Tolède, il nous reste plusieurs décisions de ces assemblées. L'élection du roi est suivie du serment de fidélité, dû par les Romains, aussi bien que par les Barbares [1]. Dans les provinces, le serment est reçu par des commissaires. Les officiers du palais qui s'abstiennent de comparaître devant le nouveau roi pour le reconnaître, sont mis, avec tous leurs biens, à la discrétion du prince.

Chaque province est administrée par un duc ou comte de premier ordre, chargé des affaires publiques, du commandement des troupes, de la justice civile et criminelle, etc. Sous ce gouverneur, opèrent autant de comtes de second ordre [2] qu'il y a de cités ou diocèses. Ces derniers sont assistés d'un ou plusieurs viguiers ou vicaires (*vicarii comitis*), secondés par des officiers inférieurs [3], qui étaient peut-être étrangers à l'ancienne organisation nationale, et avaient été importés, comme tant d'autres choses, dans la monarchie wisigothique. Mais, sous ces modifications, se retrouve le principe général du droit germanique, la réunion des pouvoirs civil et militaire.

---

[1] *Lex Visigoth*. L. II. Tit. I. leg. 34.

[2] CASSIODOR. L. VI, *Epist*. 26; 1. *Lex Visigoth*. L. II. T. I, leg. 23 et 31; T. II, leg. 10.

[3] Dux, comes, vicarius, pacis assertor, tyuphadus, millenarius, quingentarius, decanus, defensor, numerarius... iudicis nomine censeantur ex lege. *Lex Visigoth*. L. II. T. II, leg. 26. Ici encore, se retrouve le *dux*; mais comme les lois visées plus bas dans la présente note attribuent toujours au *comes* la magistrature suprême, la juridiction du *dux* était sans doute la même chez le Wisigoths que chez les Francs. Cf. *Lex Visigoth*. L. II, T. I, leg. 14 et 17; L. VII, T. IV; L. IX, T. II, leg. 1, 3, 4, 5.

Les comtes de second ordre et leurs auxiliaires rendent la justice dans leurs ressorts respectifs [1], et les magistrats des villes municipales sont tenus de leur obéir [2].

2. — *Armée*. Il est prouvé que les Romains étaient admis dans les armées wisigothiques. A la bataille de Vouillé (507), les Arvernes se distinguèrent sous Apollinaire, petit-fils du poète Sidoine. Quand Alaric II fut tué, les Wisigoths s'enfuirent du champ de bataille. Mais les Arvernes soutinrent le choc de l'ennemi, et périrent avec l'élite de leur noblesse [3].

Tous les Wisigoths doivent le service militaire [4]. Quand le roi convoque les troupes de ses provinces, les hommes en état de porter les armes sont tenus de se trouver au lieu du rendez-vous. Il n'y a d'exceptions qu'au profit des vieillards et des malades. Ingénus, affranchis, et serfs fiscalins, doivent marcher avec la dixième partie de leurs esclaves, dont la moitié est pourvue de frondes, et l'autre d'épées, d'arcs et de javelots. Cette obligation, qui ne pesait d'abord que sur les Barbares, fut étendue aux Romains par une loi du roi Ervige (680-687). Les défaillants, pourvus des dignités de duc, de comte, de *gardinge*, perdent ces charges, et subissent la peine de l'exil. Leurs biens sont confisqués. Les gens de moindre condition sont fustigés. On leur arrache les cheveux, et on leur inflige une livre d'or d'amende. Ceux qui n'ont pas de quoi la payer deviennent esclaves pour toujours.

Dès que les serfs fiscalins ont porté les ordres du roi dans les provinces, l'armée se met en marche, sous la conduite des ducs, des comtes et des gardinges, secondés par les *millenarii*, les *quingentarii*, les *centenarii*, et les *decani*, dont l'autorité s'étend sur mille, sur cinq cents, sur cent, ou sur dix hommes. On comprend qu'avec une organisation pareille, les milices de chaque province étaient toujours prêtes à marcher.[5] Il semble que les *millenarii*, et

---

[1] *Lex Visigoth.* L. II. T. 1, leg. 23 et 26 ; T. II, leg. 7 et seq.
[2] CASSIODOR. L. VI, *Epist.* 27. *Lex Visig.* L. II, T. I, leg. 23.
[3] GREGOR. TURON. *Hist.* II, l. II, c. 37.
[4] *Lex Visigoth.* L. IX. T. II, leg. 1, 2, 4, 8, 9.
[5] *Lex Visigoth.* L. II. T. I, leg. 26 ; L. VIII, T. I, leg. 9.

officiers de moindre importance, aient eu une sorte de juridiction sur les hommes qu'ils commandaient.

Les Wisigoths touchent leur solde, non pas en argent, mais en nature. Tout soldat convaincu de vol, restitue quatre fois la valeur de l'objet volé. S'il n'a pas de quoi payer, il reçoit cinquante coups de fouet.

3. — *Revenus publics*. Les tributs sont dûs par les serfs fiscalins, et par toutes les personnes privées [1]. Il n'y a d'exception que pour les hommes constitués en dignité.

L'administration des finances appartient aux ducs, comtes, et autres officiers provinciaux, recouvrant chacun dans son ressort, pour verser au trésor royal. Le paiement de l'impôt est assuré, au besoin, par la saisie des fonds et des héritages [2]. Il semble qu'alors toutes les terres étaient possédées en alleu, et qu'il n'y avait entre elles aucune de ces différences de condition que l'on remarque dans les temps postérieurs.

Le domaine du roi consiste en partie dans le tribut exigé des particuliers, conformément à leurs ressources. On ne sait rien de la façon dont ce tribut était imposé. Il semble néanmoins que les rois wisigoths ne percevaient rien sans le consentement du peuple, rien qui ne leur fût bénévolement accordé. La source principale de leurs revenus était le produit des terres royales, cultivées par les serfs fiscalins [3], ou prises à bail moyennant redevance annuelle. La condition de ces serfs, était donc meilleure que celles des esclaves des particuliers, qui n'avaient droit de rien posséder, et qui ne gagnaient que pour leur maître.

Les rois wisigoths tiraient aussi de l'argent des juifs établis dans leurs états. Ils avaient également le bénéfice du monnayage. La monnaie principale était le sol d'or.

---

[1] *Lex Visigoth*. L. X. T. IX leg. 4. D'Aguirre, *Concil. Toletan*. XIII. T. II, p. 704.

[2] D'Aguirre, *Concil. Toletan*. XIII. T. II, p. 704.

[3] D'Aguirre, *Concil. Toletan* XIII. T. II, p. 704.

4. — *Droit civil.* Sous la domination wisigothique, les Barbares comme les Romains et les étrangers, se divisent en deux classes : les hommes libres et les esclaves. Les premiers sont tous censés nobles [1]. Il existe d'ailleurs entre eux de notables différences à raison des biens qu'ils possèdent, ou des dignités dont ils sont pourvus. Les serfs ou esclaves, se distinguent en serfs du roi ou serfs fiscalins, et serfs des particuliers [2]. Les premiers exploitent le domaine du prince. Ils peuvent obtenir certaines charges du palais, et porter témoignage en justice, comme les hommes libres. Cela n'est pas permis aux esclaves des particuliers, ni même aux affranchis, sauf dans les cas graves, par exemple le crime de lèse-majesté. Ces serfs fiscalins ont aussi le droit de posséder des terres et des serfs, mais avec défense d'en disposer, de les vendre ou de les affranchir sans la permission du roi, si ce n'est en faveur d'autres serfs fiscalins. Le reste de leur avoir peut être donné aux églises et aux pauvres, même lorsque les donateurs n'ont d'autres biens que des terres ou des serfs. Ils peuvent alors en vendre une partie, et en affecter le prix à de bonnes œuvres. D'ailleurs, les dispositions de la loi wisigothique sur les serfs et les affranchis sont visiblement inspirées par le Droit romain.

Le Code barbare prohibe strictement tout mariage entre personnes libres et serves [3]. Il veut que les unions soient proportionnées, et que la femme soit moins âgée que le mari [4]. Si cette dernière condition manque, l'époux mécontent peut faire rompre le lien conjugal. Le mariage conclu par écrit ou devant témoins, avec remise d'un anneau à titre d'arrhes, ne permet plus aux fiancés de retirer leur parole [5]. La dot, ou plutôt le douaire de la femme, est fixé et payé par le mari ou par ses parents [6], conformément à certaines règles. Ainsi les nobles, c'est-à-dire les officiers du palais et de l'État, et les principaux de la nation, possédant plus de dix mille sols d'or, ne peuvent

---

[1] *Lex Visigoth.* L. II. T. I, leg. 4; T. II, leg. 1 et 2 ; L. VI. T. II, leg. 2.
[2] *Id.* L. II. T. III, leg. 4 ; T. IV, leg. 4 ; L. V. T. VII.
[3] *Id.* L. III, T. II.
[4] *Id.* L. III, T. I, leg. 4.
[5] *Id.* L. III. T. I, leg. 3.
[6] *Id.* L. III. T. I. leg. 5.

donner en dot à leur femme que le dixième de leur avoir, avec dix esclaves de chaque sexe, et mille sols d'or pour les meubles et habits nuptiaux. Les autres personnes libres, et possédant moins de dix mille sols d'or, ne peuvent affecter à la dot et aux autres dépenses du mariage que le dixième de leur bien. En ce cas, le mari demeure libre, après une année d'union, d'augmenter la dot de sa femme comme il lui plaît. La fille qui se marie sans le consentement de ses père et mère, perd tout droit à leur succession [1]. Les enfants dont le père est mort, passent sous la tutelle de leur mère, jusqu'à ce qu'elle se remarie [2]. La femme sans postérité peut librement disposer de son douaire, qui appartient au mari si elle meurt *ab intestat.* Ainsi le veut une loi rendue par le roi Chindaswinde la troisième année de son règne. Cette loi permet aux femmes de donner à leurs maris autant de bien qu'elles en reçoivent conformément au Droit romain. Les veuves qui se remarient durant l'année de leur deuil, perdent la moitié de leur douaire [3].

On sait que le Droit romain défendait toute alliance entre Romains et Barbares. Cette prohibition, qui subsista longtemps, et qui fût un des principaux obstacles à la fusion entre les Wisigoths et les populations soumises, ne cessa que sous Chindaswinde.

En ce qui touche les mariages entre serfs et affranchis, le code barbare diffère peu de la loi romaine [4]. Chez les Wisigoths, le mariage entre parents est prohibé jusqu'au sixième degré inclusivement [5] Les cousins germains sont au troisième. Permis par les anciennes lois, le divorce fût aboli par Chindaswinde, qui maintint néanmoins au mari le droit de répudier sa femme pour adultère. A son tour l'épouse pouvait rompre le lien conjugal et se remarier, si l'époux l'avait prostituée malgré elle, ou s'il avait été convaincu du crime contre nature.

En matière de tutelles et de successions, le code wisigothique se rapproche sensiblement du Droit romain [6]. La succession des pères

---

[1] *Id.* L. III. T. II, leg. 8.
[2] *Id.* L. III. T. I, leg. 7.
[3] *Id.* L. III. tit. II. leg. 1.
[4] *Id.* L. III. T. II.
[5] *Id.* L. III. T. V et VI.
[6] *Id.* L. III. T. II et III

et mères passe obligatoirement à leurs enfants jusqu'à concurrence des deux tiers, le surplus demeurant disponible. Ceux qui n'ont pas d'enfants disposent librement de leurs biens. Les gens d'église et les moines sont également habiles à succéder. S'ils meurent *ab intestat* sans laisser de parents jusqu'au septième degré, leur avoir passe à leurs églises ou couvents.

L'usure est autorisée par la loi. Au bout d'un an, le créancier peut exiger de son débiteur le huitième du capital quand il s'agit d'argent, et le tiers quand le prêt consiste en denrées ou en fruits [1].

En ce qui touche les terres, les lois wisigothiques ne contiennent qu'un assez petit nombre de dispositions relatives à leur partage entre Romains et Barbares, à l'époque de l'invasion. Cela vient sans doute de ce que ces lois ne furent rédigées que beaucoup plus tard, et qu'alors le partage original, modifié par les ventes, échanges et successions, avait perdu une grande partie de son intérêt [2]. Tenons néanmoins pour certain que les Romains dûrent céder aux envahisseurs les deux tiers du territoire. Il faut entendre par là, non un simple prélèvement de fruits, mais une véritable division du sol. La part affectée à un Wisigoth ou à un Romain, prenait indistinctement le nom de *sors*. On trouve dans l'*Eucharisticon* de Paulin de Pella, un précieux renseignement sur le partage des terres. Il y raconte comment ses fils se sont séparés de lui [3].

Ce partage des terres fut observé strictement, et exécuté de bonne foi, entre Wisigoths et Romains. Les uns et les autres étaient également tenus de rendre ce qu'ils avaient usurpé, sauf les cas de prescription, étendue jusqu'à cinquante ans dans les actions réelles. Elle était réduite à trente, comme en Droit romain, dans les actions

---

[1] *Lex Visigoth*, L. V, leg. 8.
[2] *Lex Visigoth*, L. X.. T. i, leg. 8, 16.
[3] .... libertatis amore
Quam sibi maiorem contingere posse putabant
Burdigalae, Gothico quamquam sorte colono.

PAULIN. *Eucharistic.*

personnelles. On pouvait prescrire contre le fisc. Mais les serfs fiscalins étaient imprescriptibles.

On ne devrait pas s'exagérer d'ailleurs, au point de vue du trouble social, l'importance du partage des terres entre Wisigoths et Romains. Il est certain que parmi ceux-ci, les grands propriétaires, qui faisaient cultiver leurs terres, se trouvèrent notablement appauvris. Mais les Barbares, qui s'enrichirent d'autant, dédaignaient le travail des champs, et faisaient aussi valoir leurs biens par autrui. Ce déplacement de fortune ne lésa donc, ou n'enrichit, qu'une catégorie restreinte de personnes. La condition de la grande masse des habitants, c'est-à-dire des colons, dût rester sensiblement la même. Pour les deux tiers, leur travail profita désormais à d'autres maîtres. En somme, le trouble social causé par ce partage du sol, fut assurément inférieur à celui qui résulta de la vente des biens nationaux, au temps de la Révolution française.

5. — *Procédure*. Conformément au principe de la personnalité des lois, les Barbares sont jugés par des comtes wisigoths, et les Romains par des comtes romains [1]. En cas de procès entre parties de lois différentes, c'est un comte wisigoth qui juge, avec un juriste romain comme assesseur [2]. Cet usage persista longtemps dans la Gaule méridionale.

Les juges qui manquent à leurs devoirs sont sévèrement châtiés [3]. En cas de passion ou de malice, déjà manifestés, ou même à craindre, l'évêque du diocèse a le droit d'évoquer l'affaire à son tribunal. Il appelle alors le juge suspect, prend pour assesseurs quelques gens d'église et autres hommes de capacité, avec lesquels il statue sur le jugement mal rendu. Leur sentence est soumise au roi, qui la confirme ou qui la casse, selon qu'elle lui semble bonne ou mauvaise.

Aidés de quelques assesseurs de leur choix, les prélats sont les juges naturels des pauvres. Ils statuent sur leurs différends [4]. Les

---

[1] Cassiodor. L. VII, *Epist*. 3.
[2] *Lex Visigoth*. L. II, T. i, leg. 23 et 26. T. ii, leg. 7 et seq.
[3] *Lex Visigoth*. L. II, T. ii.
[4] *Lex Visigoth*. L. XII, T. i; L. II, T. i, leg. 20, 21, 30.

juges laïques doivent exécuter leurs sentences. Il est sévèrement interdit aux juges, gouverneurs des provinces et agents fiscaux, payés à suffisance par le roi, de vexer les parties, et d'en exiger quoi que ce soit [1]. Les intéressés de l'un et de l'autre sexe peuvent plaider eux-mêmes en justice. Il n'y a d'exception que pour les princes et les évêques, à raison de leur dignité.

6. — *Droit pénal.* L'adultère est fortement puni par la loi wisigothique. Quand l'offense atteint le mari, les deux coupables deviennent ses esclaves, et il a droit de se venger sur eux comme il lui plait [2]. Si l'homme convaincu d'adultère n'a pas d'enfants, ses biens sont acquis au mari outragé. La femme qui commet un adultère avec un homme marié, devient l'esclave de la femme de celui-ci, qui en fait ce que bon lui semble. Les maris, pères et parents, peuvent tuer impunément leurs femmes, filles et parentes, surprises en état flagrant d'adultère, ainsi que leurs complices. L'homme libre convaincu de viol encourt la peine de la fustigation, et perd sa liberté. L'esclave est condamné au feu. Suivant une ancienne loi [3], si une femme libre se donne à un de ses esclaves, ou si elle en fait son mari, tous deux sont fustigés et brûlés. Il est vrai que la femme peut éviter le supplice en cherchant asile dans une église. Mais alors elle perd la liberté. Ses biens passent aux enfants du premier mariage, s'il en existe, et à leur défaut aux plus proches parents du mari jusqu'au troisième degré. S'il n'y en a pas, ces biens sont acquis au fisc.

L'injure est punie d'une peine pécuniaire. Si le condamné n'a pas de quoi la payer, il subit la fustigation, peine qui n'est pas infamante pour les hommes libres [4]. L'épreuve par l'eau bouillante (*examen*), est usitée dans certains cas [5]. La peine du talion existe [6]. On ne peut la racheter que par une amende pécuniaire, dont la loi règle le taux selon la gravité des cas. L'esclave viola-

---

[1] *Lex Visigoth.* L. III, T. III.
[2] *Id.* L. III, T. IV.
[3] *Lex Visigoth.* L. III, T. II, leg. 2.
[4] *Id.* L. III, T. I.
[5] *Id.* L. VI, T. IV, leg. 3.
[6] *Lex Visigoth.* L. VI, T. I leg. 6.

teur de sépulture est puni de mort. Pour les condamnés, les églises sont des asiles. Ceux qui s'y réfugient, après avoir mérité la mort, sont livrés à leurs parties, qui les châtient comme il leur plait, sans avoir pourtant le droit de les faire périr.

7. — *Rapports du Droit wisigothique et du Droit romain.* J'ai déjà dit qu'à une époque où les Wisigoths ne dominaient plus dans nos contrées, leurs princes avaient interdit l'usage du Droit romain, et que les *Leges Visigothorum* apparaissent, durant le haut moyen-âge comme le premier statut territorial. Il y resta néanmoins des traces de l'ordre de choses aboli. Ainsi le Code wisigothique compte le *defensor* parmi les nombreux magistrats compris sous le nom de *iudex*[1]. On ne doit donc pas s'étonner, si Isidore de Séville, qui vécut avant cette entreprise des rois wisigoths, présente la charge de défenseur comme une magistrature existante[2].

Les lois des Wisigoths contiennent à coup sûr des fragments empruntés au droit romain. On a disputé sur la provenance de ces textes, que les uns disaient tirés de la législation de Justinien, et d'autres du *Breviarium* d'Alaric II. A l'égards de certains fragments, dit Savigny, l'origine n'est pas douteuse ; car ils n'existent que dans le *Breviarium*. Mais il en est d'autres qui se trouvent aussi dans le Code Justinien. Cependant, il est à croire que le *Breviarium* fut seul consulté.

Parmi les passages qui reproduisent le Droit romain, il en est qui le font textuellement. Exemples : le texte relatif aux degrés de parenté[3], une loi sur la défense légitime[4], une autre sur les intérêts[5].

---

[1] *L. Visigoth.* L. II,. T. II,. Tit. I, 1. 26.

[2] Defensores dicti, eo quod sibi plebem commissam contra insolentiam improborum defendant. At contra nunc quidam eversores non defensores existunt. Isidor. *Orig.* l. IX, c. 14.

[3] *L. Visigoth.* L. 4, T. I (*Antiqua*) tirée de Paulus, L. 4, T. II. Le texte et les commentaires sont copiés textuellement, sauf le commencement du paragraphe 8.

[4] *L. Visigoth.* L. 8. T. I, L. 2 (*antiqua*], tirée presque mot pour mot de *Int.* L. 3, *C. Th. unde vi* (4. 22).

[5] *L. Visigoth.* L. 5. T. 5. L. 8 et 9 (l'une et l'autre *antiqua*), tirée presque mot pour mot de *Int.* L. 2, et *Int.* la 1, *Cod. Th. de usuris*, (2. 33).

Ailleurs on retrouve non pas les textes, mais les principes du droit adaptés, supposés, modifiés, ou complètement changés. Telles sont les lois sur le mariage. Interdits par une constitution du *Breviarium*, les mariages entre Wisigoths et Romains sont ici permis avec une autorisation du comte[1]. Une loi sur les dons nuptiaux faits par le mari wisigoth, se réfère à la loi romaine, qui autorisait la femme à consentir de pareils dons[2]. Savigny cite encore d'autres exemples. Une troisième catégorie de passages offre des rapports plus ou moins éloignés avec le droit des Bavarois, duquel ils semblent empruntés.

§ II. — DROIT FRANC. Sauf la partie finale affectée du n° 7, les diverses matières à résumer ici sont exactement les mêmes que celles du paragraphe précédent relatif au *Droit wisigothique*.

1. *Pouvoirs publics.* — Après la conquête des Gaules, les rois francs conservèrent, pour faire exécuter leurs ordres, plusieurs degrés de fonctionnaires, notamment les ducs et les comtes. Le comte (*comès, iudex, graf*), est nommé et révoqué par le roi, dont il relève immédiatement. Dans l'intérieur de son comté (*comitatus, pagus maior, grosse gau*), il cumule les pouvoirs militaire, judiciaire et financier. Du v° au vii° siècle, le comté correspond, sauf quelques exceptions, au territoire de la *civitas* romaine du iii° siècle, et au diocèse primitif modelé sur celle-ci. Le comte est souvent assisté d'un lieutenant (*missus comitis*). Au-dessous de lui sont les centeniers (*thungini, centenarii*), administrant les *centenae*, qui sont les subdivisions du comté. Plus bas on trouve les *sacebarons*, les *rachimbourgs*, et les ministres subalternes de la justice (*pueri regis, milites*).

Ainsi, le comté est la base du système administratif des Mérovingiens. Au-dessus du comte, suivant certains érudits, à côté de lui sui-

---

[1] *L. Visigoth.* Lib. 3, T. 1 (Recesswinthe). Cette défense se trouve dans L. un. *C. Th. brev. de nuptiis gentilium* (3. 14).

[2] *L. Visigoth.* Lib. 3, T. 1, L. 5 (Chindaswinde) : « quod et legibus Romanis.... decretum. » Cela, dit Savigny, ne doit pas s'entendre de cette disposition spéciale qui est contraire au Droit romain, mais de l'institution en général d'une dot donnée à la femme.

vant d'autres, nous trouvons le duc (*dux, herzog*), qui réunit plusieurs comtés, trois, quatre, sept, et jusqu'à douze. La vaste circonscription appelée *ducatus* est ordinairement permanente, mais parfois établie temporairement, et pour des motifs spéciaux. Le pouvoir supérieur des ducs n'existe pas partout. Mais là où nous les rencontrons, ces hauts fonctionnaires ont forcément avec les comtes de leur districts des rapports hiérarchiques sur lesquels les savants ne sont pas d'accord. En revanche il est certain que les duchés formaient des gouvernements militaires, qui n'existaient pas partout au viie siècle, et qui semblaient avoir persisté soit pour défendre, soit pour surveiller le pays conquis.

Pour en revenir au comte, les expressions *comes* et *iudex* sont à peu près synonymes dans la langue administrative du viie siècle. Le *iudex* n'est pas seulement le magistrat, mais le détenteur de l'autorité. Véritable image du souverain dans toute sa circonscription, il apparaît beaucoup plus fréquemment comme distributeur de la justice. C'est lui qui, pendant le viie siècle, convoque les hommes libres aux assises tenues tour à tour dans les différentes *centenae* de son comté. L'assemblée judiciaire se réunit généralement sous sa présidence. C'est le comte qui commande la force militaire mise au service du tribunal, qui fait exécuter par le centenier les sentences rendues par l'assemblée sur la proposition des rachimburgs. C'est encore lui qui nomme et révoque, à titre de représentant du roi, les centeniers et autres magistrats inférieurs [1].

2. — *Armée*. Au point de vue militaire, comme à tous les autres, le roi est le chef suprême de la nation. C'est sur sa convocation que le peuple s'assemble le 1er mars. Avant de marcher contre les Wisigoths, Clovis Ier dit à ses troupes : « Je supporte avec grand chagrin que ces ariens aient une partie des Gaules. Marchons, avec l'aide de Dieu, et, après les avoir vaincus, réduisons le pays en notre pouvoir [2]. »

---

[1] Sur les pouvoirs des ducs et des comtes. v. notamment VAITZ, *Deutsche Verfassungsgesch.* II, 322-23, 332-33 ; SOHM, *Die Fraenkische Reichs-und Gerichtsverfassung* (Weimar, 1871), 46 ; RICHTER, *Annalen des Fränkischen Reichs in Zeitalter der Merovinger* (Halle 1874) passim.

[2] GREG. TURON. *Hist.* II, c. 37, ad. ann. 507.

Quand il veut faire la guerre aux Thuringiens, de concert avec son frère Clotaire, Théodoric harangue aussi les guerriers au Champ-de-Mars [1]. Ce n'était pourtant pas dans ces assemblées que se décidaient toujours les guerres. Parfois, on était inopinément attaqué. Alors, le duc ou comte du pays envahi convoquait d'urgence les guerriers de son district, avisait les comtes voisins, et prévenait aussi le roi. Pour ces expéditions, on ne convoquait pas toujours tous les guerriers de toutes les provinces. Le roi désignait les comtés qui devaient fournir les contingents, et choisissait en général les plus rapprochés de la frontière ennemie. Il transmettait ses instructions aux comtes, et dépêchait sur les lieux des commissaires (*admonitores*) chargés de veiller à tout. Seuls les hommes libres devaient obéir à la convocation royale, appelée *ban*. Mais d'ordinaire les Francs amenaient avec eux leurs *lites*, qui n'étaient pas des esclaves, mais des hommes libres placés sous le patronage des chefs. Sous les Mérovingiens, l'infanterie formait la force principale des armées. Les Francs connaissaient l'art des sièges et l'usage des machines de guerre. Sans sortir de mon domaine, j'en trouve la preuve dans le récit du siège de Comminges (585) dont les fortifications dataient certainement du Bas-Empire. On fit les approches de la place avec des charriots placés sur deux lignes, les uns au bout des autres, et on pût ainsi ouvrir une galerie qui permit d'approcher des remparts [2].

Outre les guerriers convoqués au besoin, il existait certaines troupes permanentes, chargées d'assurer la tranquillité du pays, et surtout de couper les communications entre certaines provinces et le territoire ennemi [3].

Avant la bataille de Vouillé (507), les armées franques ne devaient pas être fort nombreuses. Il est impossible que Clovis ait battu les Wisigoths avec ses seules forces. Tout porte donc à croire qu'il y fût aidé par les troupes romaines de la Gaule, qui ne pouvaient retourner en Italie. Ces troupes catholiques haïssaient les Wisigoths ariens.

---

[1] *Id. Ibid.* III, c. 7, ad ann. 528.
[2] Greg. Turon. *Hist.* VII, c. 37.
[3] Pertz, *Leges*, I, 4, Décret de Clotaire I; Greg. Turon. *Hist.* VII, c. 30; IX, c. 28 et 32.

Elles soumirent aux Francs les terres qu'elles avaient reçues de l'Empire à la charge de le défendre, et passèrent en armes à Clovis Ier. Mais elles gardèrent leur discipline, et continuèrent à se recruter chez les Romains. Longtemps après Clovis Ier, elles marchaient encore au combat précédées de leurs enseignes [1]. Il est à croire également que Syagrius, gouverneur romain, se mit aussi au service de Clovis Ier. Les Francs appelèrent les Romains dans leurs armées. De nombreux textes attestent, en effet, qu'il en fut ainsi sous les petits-fils de Clovis Ier.

J'ai déjà dit qu'à la tête de chaque *civitas*, les rois mérovingiens mettaient un comte, qui réunissait en ses mains tous les pouvoirs, et qui avait sous ses ordres les vicaires et centeniers. Le vicaire régissait d'habitude un arrondissement (*pagus*) : le centenier avait sous ses ordres cent hommes libres [2]. Ces officiers conduisaient à la guerre et commandaient les Francs et les Romains soumis à leur juridiction. Il est à croire que l'obligation du service militaire ne pesait pas sur tout le monde, mais seulement sur les possesseurs d'une certaine fortune. Les Francs et autres barbares furent d'abord plus particulièrement astreints au service militaire. Ils n'étaient pas, à l'origine, dispersés dans les villes et les campagnes, mais groupés par petits détachements, qui se protégeaient les uns les autres.

Voilà pour les institutions militaires sous les rois de la première race. Au temps de la seconde, Charlemagne n'innova rien. Il se contenta de perfectionner. La propriété du sol devint désormais la base du service militaire. Ce service était gratuit, et les guerriers marchaient à leurs frais. Il leur fallait donc une certaine fortune pour prendre part aux expéditions. Le *mans* était alors la base de la propriété foncière. Entre les hommes libres, on distinguait ceux qui relevaient directement du roi, et ceux qui dépendaient de quelque grand. Parmi les propriétaires qui devaient seuls le service, les uns partaient pour l'armée, tandis que les autres contribuaient pécuniairement, et en proportion de leur fortune. Les guerriers étaient tenus de se pourvoir d'armes, de vivres, de charriots, de bêtes de trait, de haches, etc. Le rendez-vous général était fixé à la frontière du pays

---

[1] Procop. *De Bell. Goth*. I, 12.
[2] Baluz. *Capitul*. I, 20, ad ann. 595.

ennemi. On s'y rendait par petits détachements, par centaines, chacune conduite par son centenier. La profession militaire était un véritable honneur. Le service était aussi imposé aux bénéficiers, selon l'importance de leurs terres respectives. Ces bénéficiers n'étaient pas des vassaux. Ils n'avaient qu'un simple usufruit.

3. — *Revenus publics*. Indépendamment des revenus de leurs domaines particuliers, les souverains des Francs mérovingiens et carlovingiens disposaient des ressources suivantes : 1° Dons volontaires offerts par exception, et dans les grandes circonstances ; 2° Tributs des peuples soumis ; 3° Impôt foncier établi sur les terres romaines ou franques, quand elles ne jouissaient pas de l'immunité à titre de donations royales ; 4° Capitation portant sur les non propriétaires, et que les rois cherchèrent plusieurs fois à lever sur tous leurs sujets ; 5° Produit des amendes, et part du butin de guerre ; 6° Douanes et péages ; 7° Régale des monnaies [1]. Les souverains francs imposaient en outre des corvées et travaux pour l'entretien des routes, et ils exerçaient le droit écrasant de gîte.

4. — *Droit civil*. Dès l'origine, deux lois se partagent l'empire des Francs. Les vieilles populations de la Gaule continuent à se régir par la loi romaine. Mais les Francs sont gouvernés par la Loi Salique. Il en est de même de ceux *qui Lege Salica vivunt* [2], c'est-à-dire, selon l'apparence, des Germains à qui les empereurs avaient déjà concédé des terres.

Pour l'enfant légitime, la loi est celle de la naissance. L'affranchi suit la loi de l'Église, c'est-à-dire le Droit romain, s'il est placé sous le *mundebunde* ecclésiastique. Il suit celle du patron, si celui-ci le réserve. Si rien n'est réservé, ou si l'affranchissement a eu lieu *ante regem*, l'affranchi suit la Loi Salique.

---

[1] V. là-dessus Waitz, *Deutsche Verfassungsgeschichte*, II, 499, 502, 520, 521, 535, 543, 549, 552, 553 ; Löbell, *Gregor von Tours und seine Zeit* (2° édit. Leipzig, 1869), 165 ; Fustel de Coulanges, *Hist. des institut. polit. de l'ancienne France*, 501-503.
[2] *Lex Salic*. Tit. XLIII.

La femme passe de plein droit sous la loi de son mari. Veuve, elle demeure placée, jusqu'à un autre mariage, sous le *mundium* de la famille du mort.

Il semble d'ailleurs que le principe de la personnalité des lois n'est vrai que pour le droit privé, et qu'il ne s'étend ni au droit politique ni au droit pénal.

La population se distingue en plusieurs classes : les *antrustiones*, les *convivae regis*, les personnes placées *in verbo regis*, le *baro*, les *barbari qui Legem Salicam vivunt*, les *lites*.

Chez les Francs, la liberté est de règle, comme chez les autres peuples Germains. En général, le droit privé des Barbares est celui des hommes libres. Entre ces hommes et les esclaves, on trouve la classe intermédiaire des *lites*, qui tout en jouissant de la liberté, n'avaient pas tous les avantages attachés à la condition d'*ingenui* ou de *Franci*. Réduit à l'état de chose, l'esclave n'exerce aucun droit. Il est incapable d'acquérir et de disposer, s'il n'a été affranchi. Sans doute, les gens de condition servile peuvent s'élever à la dignité du mariage ; mais alors, il faut le consentement du maître.

Le *lite* détient les terres d'un propriétaire hors d'état de les cultiver toutes. Mais en ce cas, le droit national est muet sur les rapports entre propriétaire et colon. C'est la volonté du maître qui fait loi.

Quand les hommes libres s'engagent au service du prince, ils sont *in truste* (fidélité, dévoûment) *regis*. De là le nom d'antrustions (*antrustiones*). Childebert et Clotaire les qualifient de *leudes* ou fidèles. En récompense de leurs services, ces leudes reçoivent de larges concessions de territoire, qu'ils sont tenus d'abandonner quand ils reprennent leur indépendance. Cet usufruit porte le nom de *beneficium*. Sous les rois mérovingiens, les bénéfices sont souvent révoqués en fait. Mais les bénéficiaires contestent la légitimité de cette pratique. Ils luttent pour transmettre leur situation à leurs enfants, pour convertir les terres octroyées en véritables *aleus*. L'aleu (*alodis*) consiste dans la véritable propriété du sol. Son tenancier n'est obligé qu'envers l'état, et ne reconnait aucune supériorité individuelle. Mais il arriva souvent que, pour obtenir la sécurité, les propriétaires de petits aleux remirent ces terres à des chefs puissants, qui les leur rendirent à titre de fiefs.

Chez les Francs, la propriété se transmet par des formes symboliques et solennelles. Le vendeur doit *tradere per suam festucam*, ou *per herbam et terram*.

Aucun texte ne nous renseigne sur la proportion des terres que Clovis et ses compagnons s'approprièrent dans la Gaule méridionale, après l'expulsion des Wisigoths. Tout permet de croire cependant que les vainqueurs prirent le sol auparavant possédé par les vaincus. Quant aux fonds possédés alors par les Romains, ils demeurèrent sans doute ce qu'ils étaient auparavant.

Parmi les modes de preuve usités devant les juges Francs, il faut d'abord compter l'aveu, puis la déposition orale. Les témoins s'expliquent à jeun, et jurent de dire toute la vérité [1]. Pour corroborer leurs dires, interviennent les *coiuratores*, qui jurent à leur tour que les déposants méritent créance. La preuve écrite, inconnue d'abord, est ensuite admise en justice. On procède aussi par voie d'ordalies ou jugements de Dieu, primitivement appelés *sortes* : épreuves par l'eau bouillante, le fer rouge, la croix, le combat singulier.

Un des caractères essentiels de la constitution de la famille, c'est la solidarité entre parents. Ce principe repose sur le système de protection (*mundium, mainbour*) commun aux peuples du nord. Le *mundium* appartient au roi sur ses antrustions, au chef de bande sur ses compagnons, au mari sur sa femme et sur ses enfants mineurs.

Dans les fiançailles qui précèdent le légitime mariage, interviennent soit la famille de la future, soit la personne qui en a la garde. Le mari paie un prix, dont une partie forme la dot de l'épouse, et dont l'autre appartient au *mondowald*, comme indemnité de la renonciation à ses droits, qui passent au mari. Ce prix porte les noms de *pretium emptionis nuptiale* et de *dos*. Celui qui prend pour femme une veuve, paie aux parents du premier mari le *reipus*, qui est de trois sols et un denier. Il acquiert ainsi le *mundium* sur celle qui devient sa femme. De son côté, la veuve paie aux héritiers de son premier mari, et à leur défaut au fisc, l'*achasium*, qui est une somme proportionnée à l'importance de sa dot.

La femme reçoit en outre, le jour où elle s'éveille pour la première

---

[1] *Capitul.* de 801, 805 et 809.

fois à côté de son mari, le *morgengab* ou *virginis defloratae pretium*, qui lui appartient en propre, et qu'elle ne partage pas avec ses parents, comme elle fait pour la dot. Pour sa personne et pour son avoir, la femme est sous la puissance du mari.

La solidarité entre membres d'une même famille créant en leur faveur un droit éventuel aux biens possédés par le *mondowald*, le consentement desdits membres est obligatoire pour aliéner la propriété à titre de vente, échange ou donation.

En vertu de la Loi Salique, l'*alodis*, c'est-à-dire l'ensemble du patrimoine du défunt, passe forcément aux héritiers légaux, qui n'en peuvent être dépouillés par aucune disposition testamentaire. En première ligne, la succession est déférée aux enfants, avec préférence au profit des mâles, pour la *terra salica* ou *terra aviatica*.

5. — *Procédure*. La juridiction commune est celle des mâls, présidés par le centenier, assisté d'au moins sept rachimburgs. Le centenier dirige les débats, et décide les questions préliminaires, mais sans prendre part aux jugements.

Pour traduire son adversaire en justice, il faut l'ajourner (*mannire*), en vertu d'une permission (*lex dominica*).

Les rachimburgs désignés suivent la loi des parties, pour rendre leur jugement, dont l'appel va devant le roi. La décision des juges aboutit à la restitution de la chose, ou à l'expropriation du débiteur.

En matière criminelle, il n'y a pas lieu de s'inquiéter de la loi des accusés. Tous les ingénus habiles à siéger au mâl peuvent juger au criminel. L'origine de l'accusé ne change rien à la nature des faits incriminés. Ils sont, ou ils ne sont pas licites. Le taux seul de la composition diffère. On ajourne comme en matière civile. Le demandeur doit fournir de cinq à douze cojurateurs, et le défendeur de douze à vingt-cinq, suivant l'importance de la cause. L'accusé se justifie souvent par des cojurateurs, ou par une épreuve, telle que l'eau bouillante ou autre. S'il ne le fait pas, on l'ajourne devant le roi. En ce cas, et s'il ne comparaît pas, il est mis *extra sermonem regis*, autrement dit banni. Nul, pas même sa femme, ne doit lui donner asile et nourriture. Son meurtrier demeure inpuni. Cette prescription ne cesse que par l'exécution de la sentence prononcée contre le condamné.

Le plaideur mécontent d'un jugement, a le choix entre deux moyens. Il peut s'inscrire en faux (*blasphemare*) contre lui, s'il ne préfère aller en appel devant le roi. Dans le premier cas, le juge fait une instruction complémentaire, à moins que le condamné n'ait jeté son gant. Alors, c'est le jugement de Dieu. Il y a des peines contre le fol appel.

6. — *Droit pénal.* Chez les Francs, les actes illicites donnent droit à une action dont le but est le *weregeldum*, ou *compositio*, garantissant l'intérêt privé, sans que le magistrat ait à intervenir pour la vindicte sociale. La Loi Salique attribue une part de cette composition au fisc (*fredum*), et l'autre à l'offensé (*faida*). Le taux de la somme à payer varie selon la qualité de la personne lésée, dont les parents se partagent l'indemnité. Ceux de l'offenseur sont tenus au besoin de compléter le paiement. C'est la *chenecruda*, abolie par Childebert II, en 595. Quand il y a eu composition, nul n'a plus légalement à exercer ni à redouter ces vengeances privées, que Charlemagne et Louis le Débonnaire cherchèrent à régulariser.

Malgré ce système de composition, les Francs admettaient des peines capitales et corporelles applicables à certains crimes contre le gouvernement et la religion (magie, sorcellerie). La Loi Salique met le violateur de sépulture au ban du pays, jusqu'à ce qu'il ait payé la composition. L'homme libre est puni de mort, quand il a porté faussement une accusation *unde debeat mori* Probablement, il s'agissait à l'origine du crime de haute trahison. Le condamné peut être racheté par un étranger ; mais alors il devient son esclave. Le talion fut un progrès dans la pénalité, et le législateur s'efforça de régulariser ce genre de représailles.

APPENDICE.—Dans ce mémoire, j'ai parlé jusqu'à présent des institutions romaines et barbares au point de vue purement théorique, et comme si elles avaient toujours fonctionné régulièrement. Mais en fait, la pureté de ce droit normal se trouva souvent altérée par diverses causes, savoir : 1° Premières incursions des Wascons ; 2° Érection du premier royaume d'Aquitaine ; 3° Progrès de l'aristocratie laïque et ecclésiastique ; 4° État Toulousain, sous Félix et ses successeurs ; 5° Duché de Toulouse ; 6° Tranformation du duché de Toulouse en duché d'Aquitaine ; 7° Érection du second royaume d'Aquitaine ; 8° Révoltes fréquentes des Wascons.

Tels sont, avec l'affaiblissement graduel du pouvoir royal et impérial, les huit faits principaux qui vinrent tour à tour altérer chez nous la pureté des institutions officielles. Ces altérations ne sauraient être étudiées en détail qu'avec le secours de l'histoire politique. Le moment venu, je ne me déroberai pas à cette tâche ; mais je m'en tiens présentement à ces brèves indications.

Je dois cependant constater ici, que parmi ces causes de trouble dans l'exercice du droit normal, il faut placer au premier rang les incursions des Wascons en Novempopulanie, et la conquête graduelle que fit ce petit peuple venu d'Espagne de la portion de la Gaule approximativement limitée par l'Océan, les Pyrénées, et le cours de la Garonne.

Depuis 587 au plus tard jusqu'à l'avènement de Sanche I⁰ʳ, dit Mitarra, premier duc héréditaire de Gascogne (après le milieu du ıx⁰ siècle), les Wascons, belliqueux, agiles, sobres, âpres au gain, se manifestent comme une invasion d'étendue médiocre mais irrésistible, qui s'exerce, du sud au nord, contre les rois et les empereurs Francs. Il ne faudrait pourtant rien exagérer. L'idéal politique de ces envahisseurs ne pouvait être que fort borné. Donc, ils ne dûrent pas toucher beaucoup à ce qui survivait de l'ancien ordre romain, dont l'influence persista longtemps en Gascogne. D'ailleurs, la féodalité et le droit coutumier se développèrent à peu près chez nous comme ailleurs, sauf quelques institutions particulières, dans les cantons d'industrie pastorale. Ainsi, à toutes les époques, l'influence wasconne n'exerça dans notre province qu'une fort médiocre influence sur la condition des personnes et des terres. Il est vrai que les envahisseurs dûrent s'approprier de bonne heure et intégralement toute la portion du versant nord des Pyrénées occidentales qui correspondait avant la Révolution, aux pays alors désignés sous les noms de Labourd, de Basse-Navarre, et de Soule. Les anciens textes invoqués en faveur de cette opinion, se trouvent du reste confirmés par ce fait que les gens de ces contrées parlent encore aujourd'hui l'idiome basque, qui était celui des conquérants. Là, sans doute, les Wascons dûrent se régir, sous leurs chefs nationaux, par leurs anciennes coutumes, sans tenir grand compte, même aux époques de soumission, de l'autorité des gouverneurs Francs et des évêques. Quant au reste de la Wasconie haute et basse, tout prouve que l'influence d'abord intermittente, et puis constante des chefs wascons, ne s'y exerça jamais qu'au point de vue politique. Lorsqu'ils étaient les plus forts, les profits du pouvoir devaient leur appartenir, à peu près comme aux princes Francs. Au contraire, quand ils étaient les plus faibles, les représentants de ces monarques exigeaient le tribut.

www.ingramcontent.com/pod-product-compliance
Lightning Source LLC
Chambersburg PA
CBHW060520050426
42451CB00009B/1073